Anja Wall
Julia Wenderoth

Deutsch an Stationen

Handlungsorientierte Materialien zu den Kernthemen der
Klasse 1

Auer Verlag

Die Herausgeber:

Marco Bettner –   Rektor als Ausbildungsleiter, Haupt- und Realschullehrer, Referent in der Lehrerfort- und Lehrerweiterbildung, zahlreiche Veröffentlichungen als Autor und Herausgeber

Dr. Erik Dinges –   Rektor einer Förderschule für Lernhilfe, Referent in der Lehrerfort- und Lehrerweiterbildung, zahlreiche Veröffentlichungen als Autor und Herausgeber

Die Autorinnen:

Anja Wall –   Rektorin einer Grundschule und Autorin

Julia Wenderoth –   Grundschullehrerin und Autorin

Gedruckt auf umweltbewusst gefertigtem, chlorfrei gebleichtem und alterungsbeständigem Papier.

3. Auflage 2013
Nach den seit 2006 amtlich gültigen Regelungen der Rechtschreibung
© Auer Verlag
AAP Lehrerfachverlage GmbH, Donauwörth

Titelbild: Corina Beurenmeister
Illustrationen im Innenteil: Bettina Weyland
Satz: Fotosatz H. Buck, Kumhausen
Druck und Bindung: Aubele Druck GmbH, Kempten
ISBN 978-3-403-**06131**-1

www.auer-verlag.de

Inhalt

Vorwort

Bei den vorliegenden Stationsarbeiten handelt es sich um eine Arbeitsform, bei der unterschiedliche Lernvoraussetzungen, unterschiedliche Zugänge und Betrachtungsweisen sowie unterschiedliche Lern- und Arbeitstempi der Schülerinnen und Schüler Berücksichtigung finden. Die Grundidee ist, den Schülerinnen und Schülern einzelne Arbeitsstationen anzubieten, an denen sie gleichzeitig selbstständig arbeiten können. Die Reihenfolge des Bearbeitens der einzelnen Stationen ist dabei ebenso frei wählbar wie das Arbeitstempo und meist auch die Sozialform.

Als dominierende Unterrichtsprinzipien sind bei allen Stationen die Schüler- und Handlungsorientierung aufzuführen. Schülerorientierung meint, dass der Lehrer in den Hintergrund tritt und nicht mehr im Mittelpunkt der Interaktion steht. Er wird zum Beobachter, Berater und Moderator. Seine Aufgabe ist nicht das Strukturieren und Darbieten des Lerngegenstandes in kleinsten Schritten, sondern durch die vorbereiteten Stationen eine Lernatmosphäre zu schaffen, in der Schülerinnen und Schüler sich Unterrichtsinhalte eigenständig erarbeiten bzw. Lerninhalte festigen und vertiefen können. Handlungsorientierung meint, dass das angebotene Material und die Arbeitsaufträge für sich selbst sprechen. Der Unterrichtsgegenstand und die zu gewinnenden Erkenntnisse werden nicht durch die Lehrkraft dargeboten, sondern durch die Auseinandersetzung mit dem Material und die eigene Tätigkeit gewonnen und begriffen.

Ziel der Veröffentlichung ist, wie oben angesprochen, das Anknüpfen an unterschiedliche Lernvoraussetzungen der Schülerinnen und Schüler. Jeder einzelne Schüler erhält seinen eigenen Zugang zum inhaltlichen Lernstoff. Die einzelnen Stationen ermöglichen das Lernen nach allen Sinnen bzw. nach den verschiedenen Eingangskanälen. Dabei werden sowohl visuelle (sehorientierte) und haptische (fühlorientierte) als auch intellektuelle Lerntypen angesprochen. An dieser Stelle werden auch gleichermaßen die Bruner'schen Repräsentationsebenen (enaktiv bzw. handelnd, ikonisch bzw. visuell und symbolisch) mit einbezogen. Aus Ergebnissen der Wissenschaft ist bekannt: Je mehr Eingangskanäle angesprochen werden, umso besser und langfristiger wird Wissen gespeichert und damit umso fester verankert.

Viel Freude und Erfolg mit dem vorliegenden Heft wünschen Ihnen
die Herausgeber

Marco Bettner   *Dr. Erik Dinges*

Hinweise zur Anlauttabelle

Mit der Tieranlauttabelle können die Kinder von Anfang an, je nach Lernausgangslage, kleine Wörter schreiben und mit der Zeit auch lesen. Diese Tabelle sollte jedem Kind als Arbeitsmaterial laminiert zur Verfügung stehen. Die Tieranlauttabelle hilft den Kindern beim Auffinden der Laute. Sie zeigt zu jedem Laut ein dazugehöriges Bild. Damit ein erfolgreicher Schreib-Lernprozess beginnen kann, ist eine intensive Einführungsphase mit den Kindern unbedingt einzuplanen. Dabei ist es nötig, dass die Lehrkraft die Tiernamen mit den Schülern genau benennt (A für Affe, Eu für Eule …) Mithilfe der Anlauttabelle können die Kinder von Anfang an entsprechend ihrer individuellen Lernausgangslage und ihrem Lerntempo mit dem Schreib-/Leseprozess beginnen.

Anlauttabelle

A a	E e	I i	O o	U u	B b
C c	D d	F f	G g	H h	J j
K k	L l	M m	N n	P p	Qu qu
R r	S s	T t	V v	W w	X x
Y y	Z z	Ä ä	Ö ö	Ü ü	Ch ch
Ei ei	Eu eu	Sch sch	Sp sp	St st	Pf pf

Begleitbogen für die Lehrkraft

Vorbereitung:

Kopieren Sie die Anlautkärtchen von Blatt 1 (Seite 7) auf buntes Kopierpapier. Schneiden Sie die einzelnen Kärtchen aus. Damit die Kinder beim Spielen eine Selbstkontrolle haben, können Sie auf die Rückseite der Kärtchen geometrische Symbole zeichnen: bei der Maus einen Kreis, bei der Katze ein Dreieck, beim Bären ein Rechteck und beim Fisch ein Quadrat. Legen Sie die Kärtchen in ein vorbereitetes Kästchen.

Kopieren Sie dann die Anlautfreunde von Blatt 2 (Seite 8) auf ein andersfarbiges Kopierpapier. Versehen Sie die Rückseite der Kärtchen mit den dazugehörigen geometrischen Symbolen. Legen Sie die Kärtchen in ein vorbereitetes Kästchen.

Spielanleitung:

Die Kinder suchen sich einen Spielpartner. Es wird ein Anlautkärtchen gezogen und in die Mitte gelegt. Abwechselnd ziehen die Kinder die Anlautfreunde und überprüfen, ob diese zu dem jeweiligen Anlautkärtchen passen. Passt der Anlautfreund zu dem Anlautkärtchen, so wird er unter das Anlautkärtchen geschoben. Passt er nicht, so wird er beiseite gelegt.

Zum Schluss werden alle Kärtchen wieder in die entsprechenden Kästchen einsortiert.

Blatt 1: Anlautkärtchen

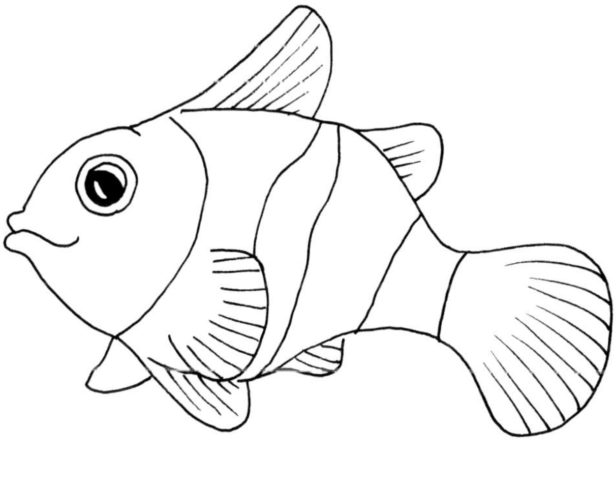

Station 1 Spiel: Lautfreunde finden

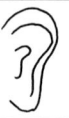

Blatt 2: Anlautfreunde

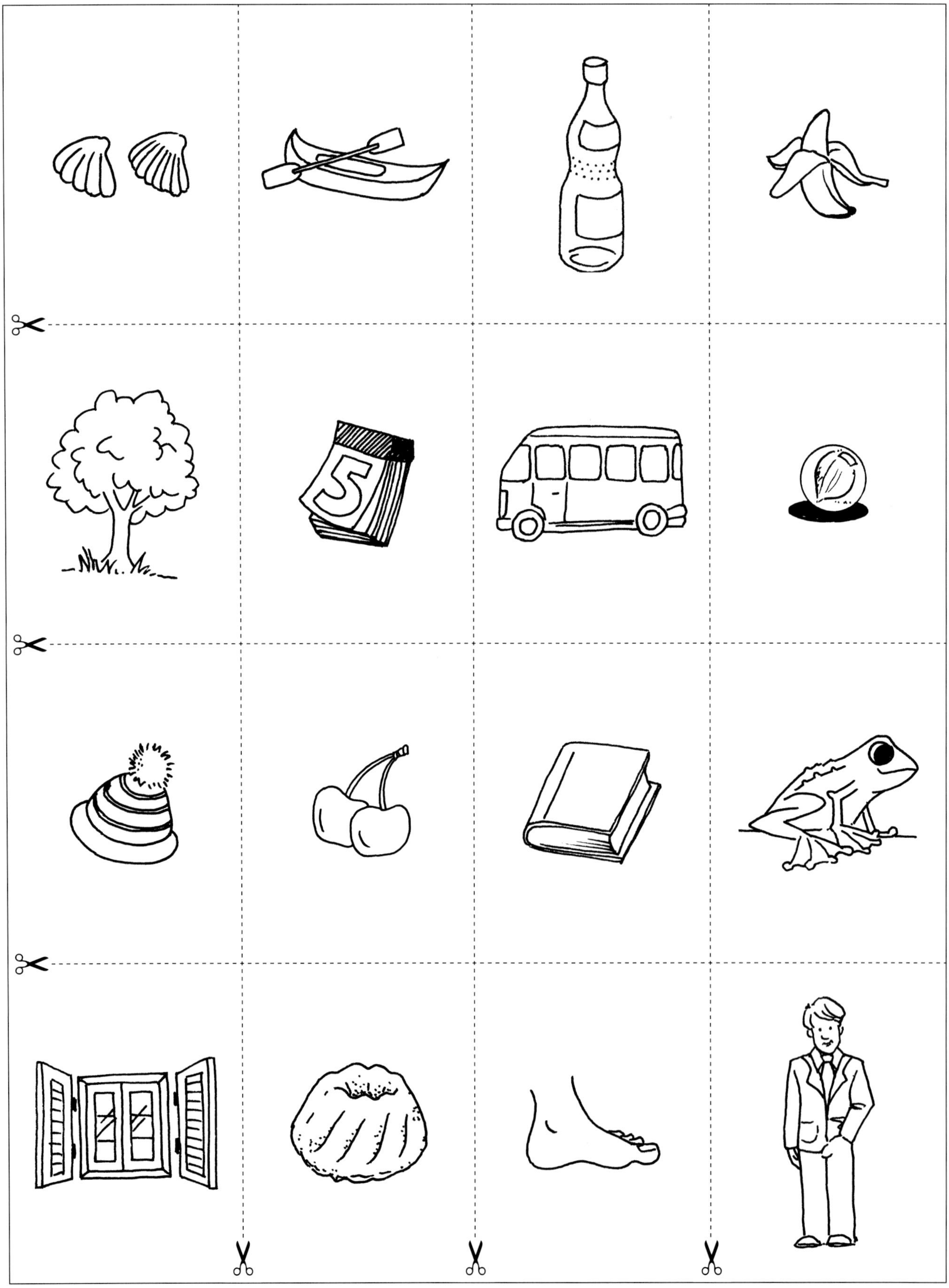

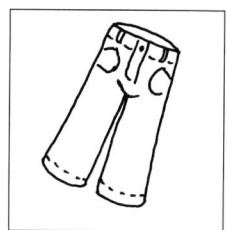

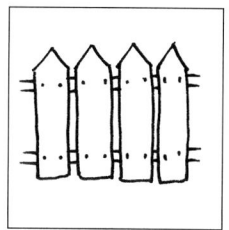

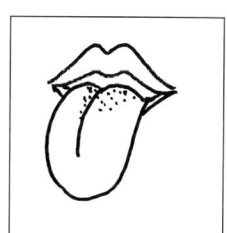

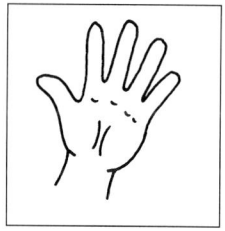

  A

 U

 J

 W

 L

 D

12

Wall/Wenderoth: Deutsch an Stationen 1
© Auer Verlag GmbH, Donauwörth

Station 1 — Silbenbögen einzeichnen — Ma – ma

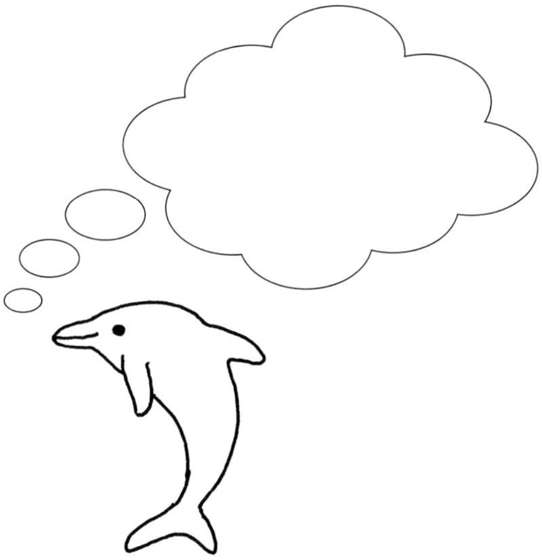

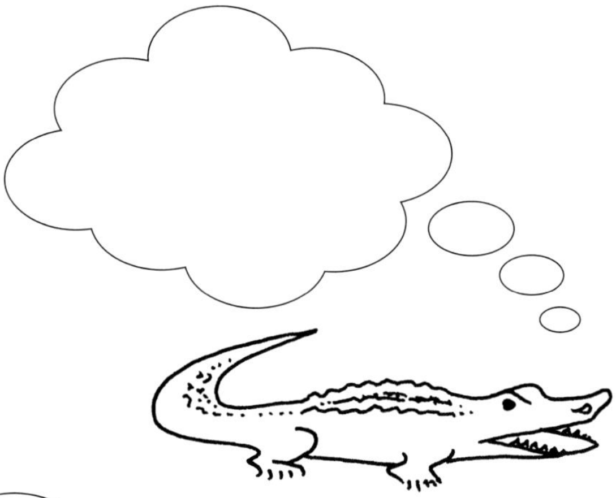

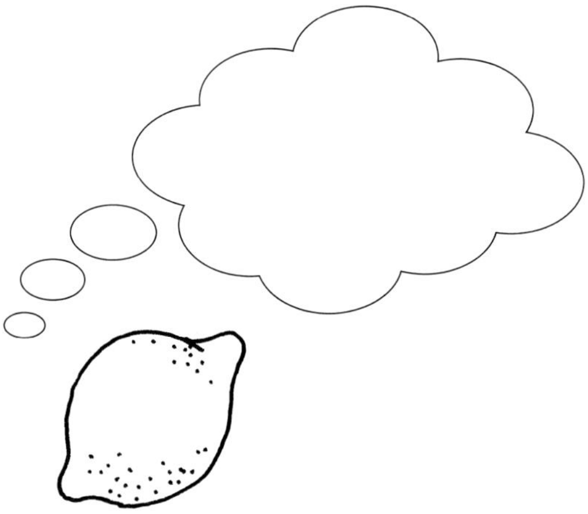

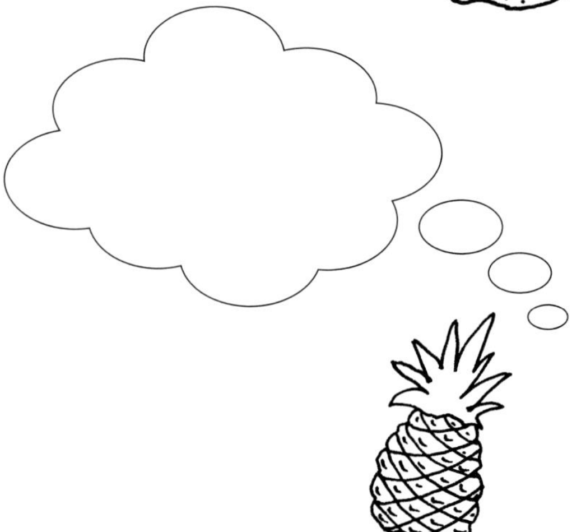

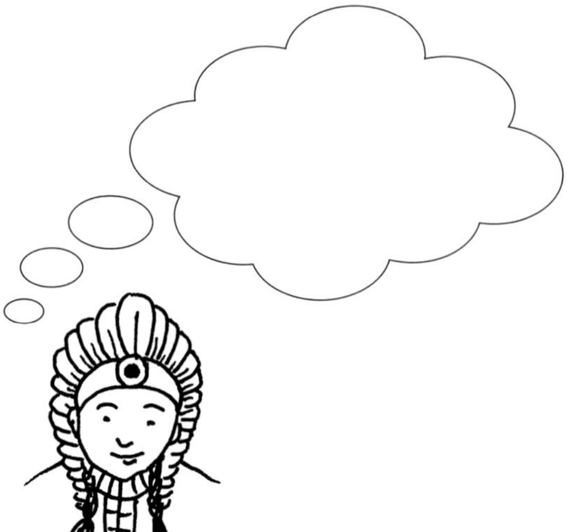

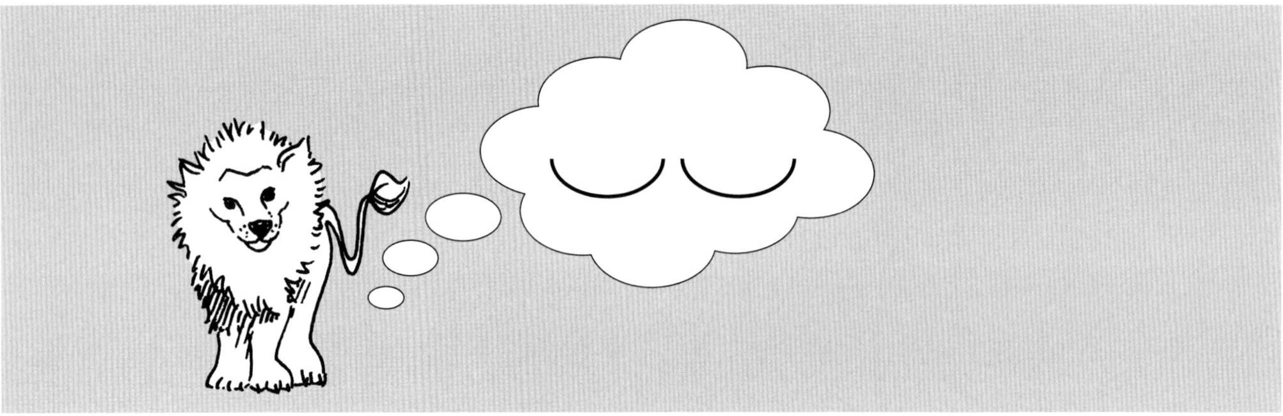

Sofa

Ananas

Nase

Rose

Rakete

Lupe

Palme

Wall/Wenderoth: Deutsch an Stationen 1
© Auer Verlag GmbH, Donauwörth

 Ha  se

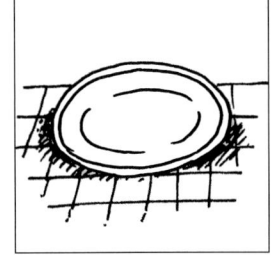 Tel | pe

 Na | ket

 Do | se

 Lam | del

 Pa | ler

Wall/Wenderoth: Deutsch an Stationen 1
© Auer Verlag GmbH, Donauwörth

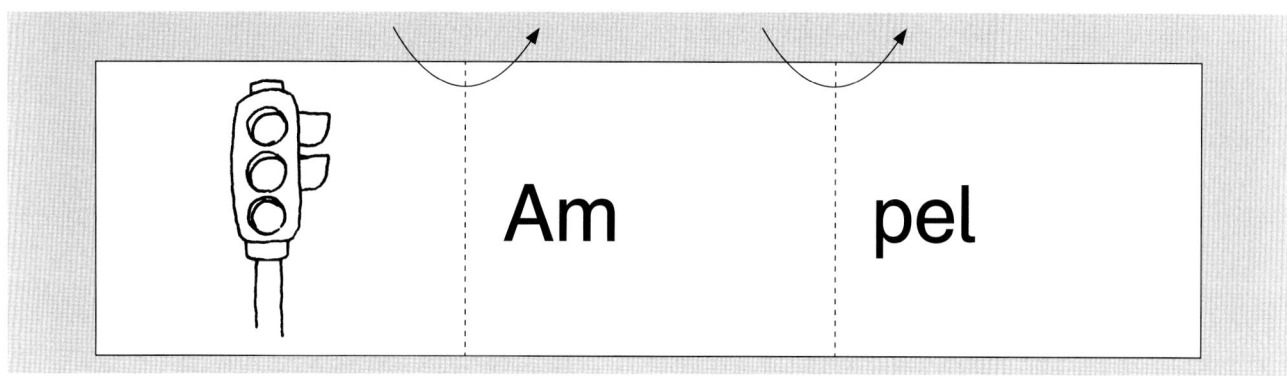

| | Am | pel |

	Pup	pe

	Lu	pe

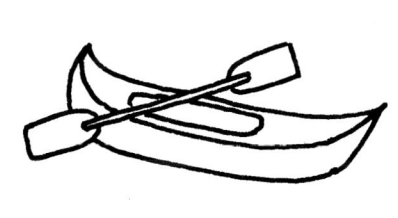	Ka	nu

	Jo	jo

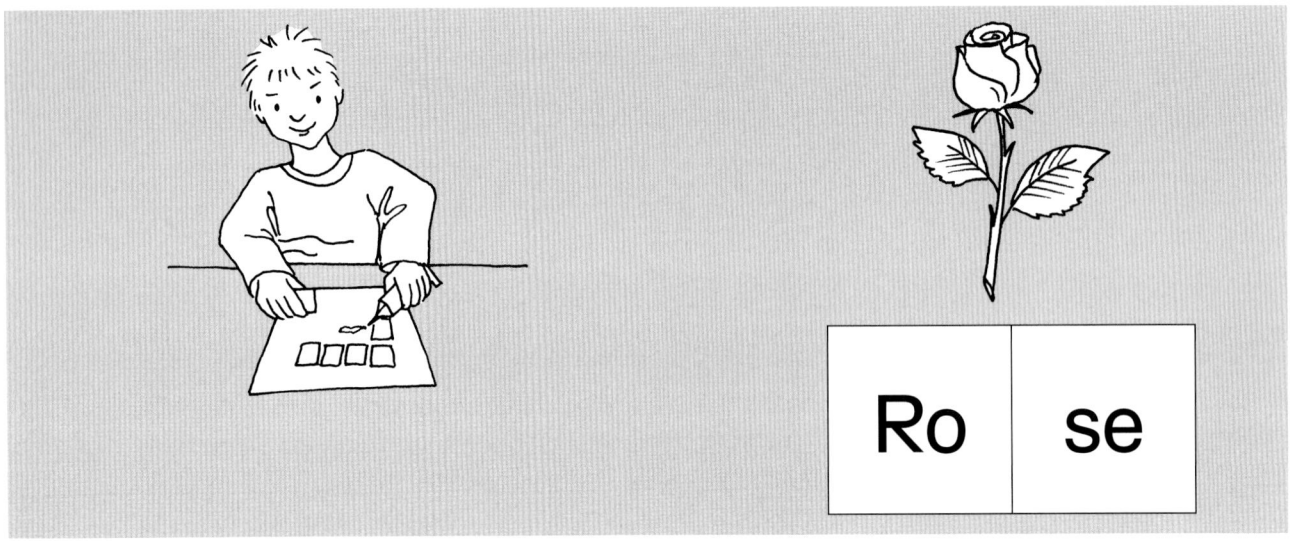

Ro | se

| Te | Re | Wol | Ga | gen |
| le | bel | ke | fon | wurm |

Wall/Wenderoth: Deutsch an Stationen 1
© Auer Verlag GmbH, Donauwörth

Rabe

En

Au

Lam

Re

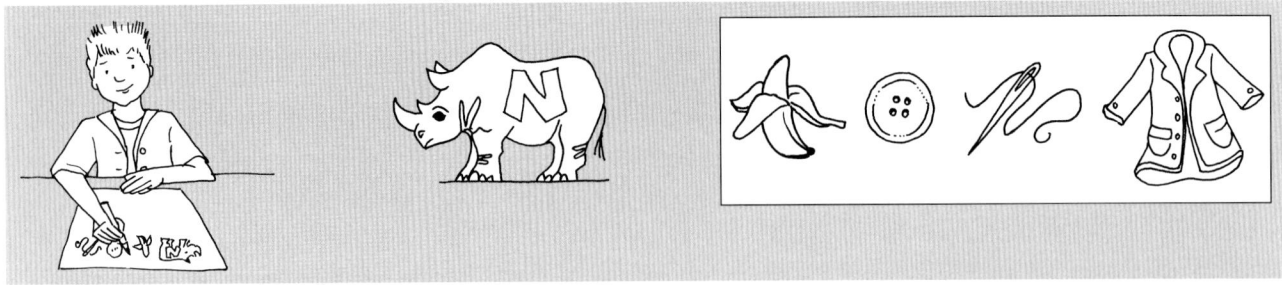

In welchem Wort hörst du den Laut? Kreuze an.

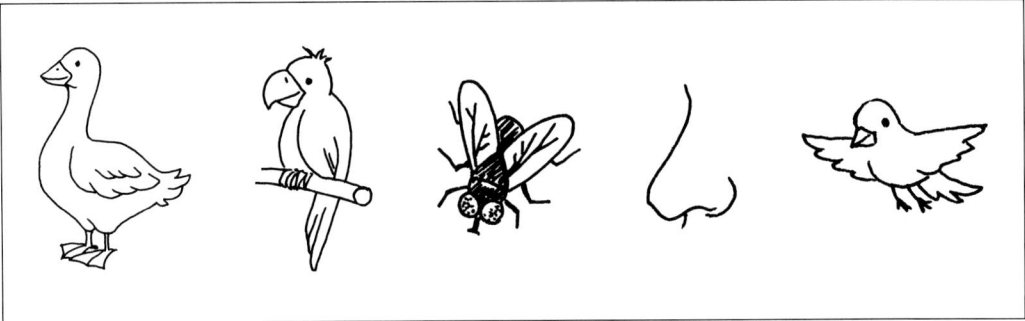

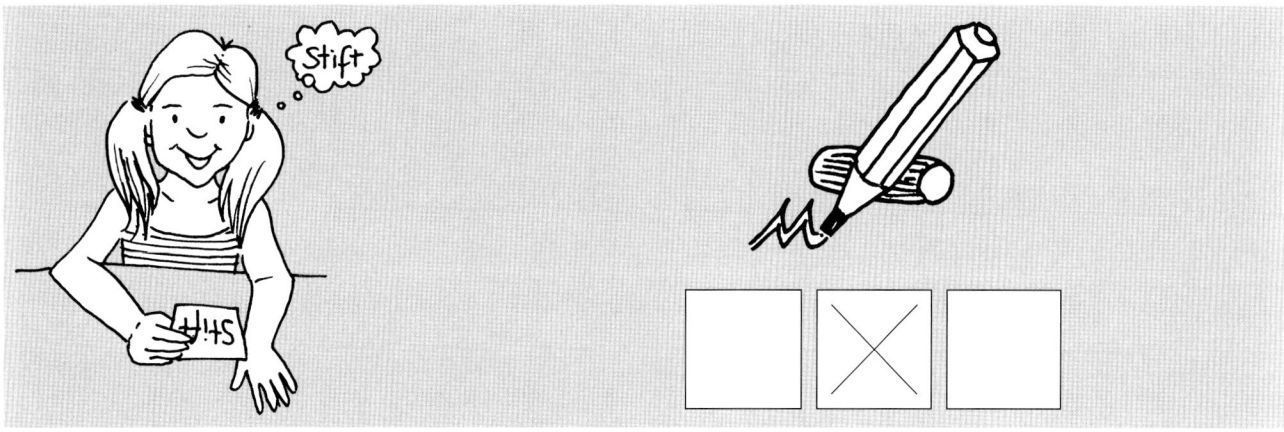

Entscheide! Hörst du das O vorne, in der Mitte oder am Ende des Wortes?

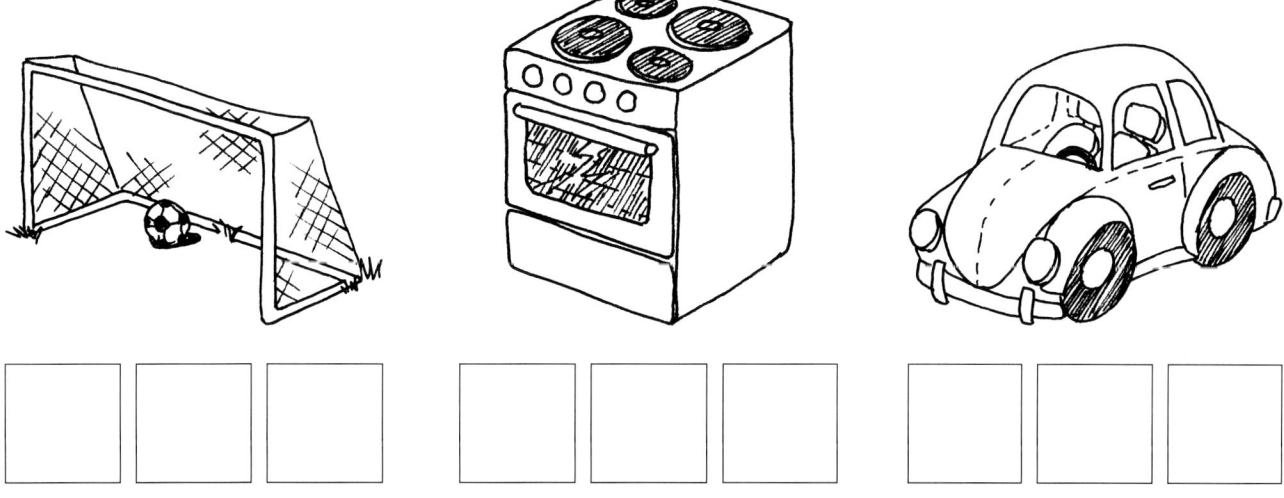

Entscheide! Hörst du das N vorne, in der Mitte oder am Ende des Wortes?

Wall/Wenderoth: Deutsch an Stationen 1
© Auer Verlag GmbH, Donauwörth

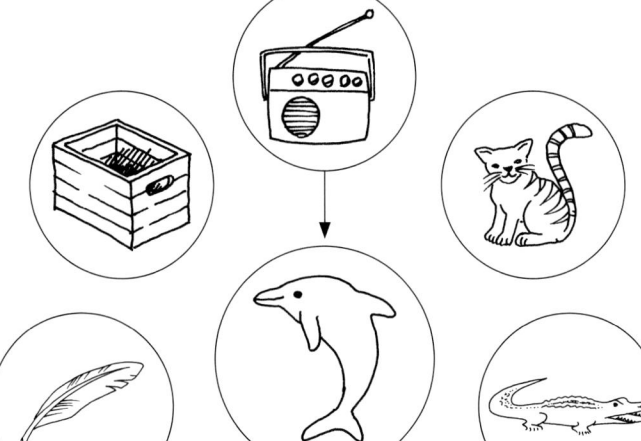

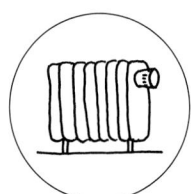

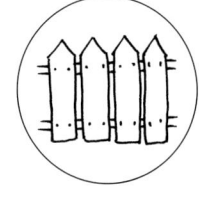

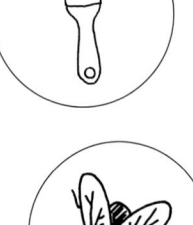

A u t __

L u __ e

__ f f e

P __ l z

K a m i __

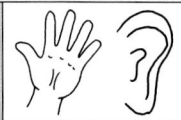

Wall/Wenderoth: Deutsch an Stationen 1
© Auer Verlag GmbH, Donauwörth

Reimwörterpaare suchen

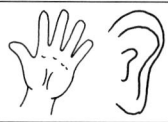

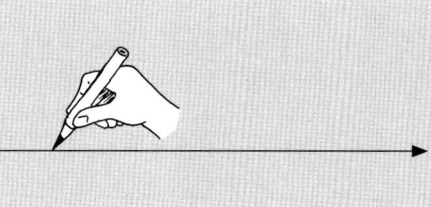
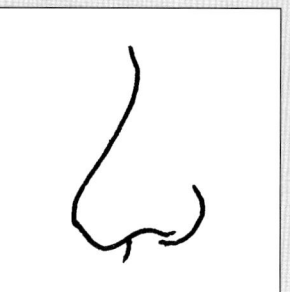

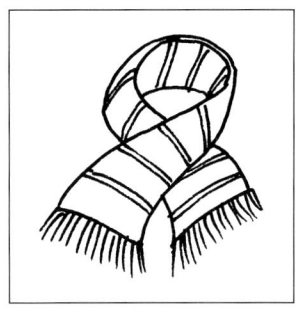

Wall/Wenderoth: Deutsch an Stctionen 1
© Auer Verlag GmbH, Donauwörth

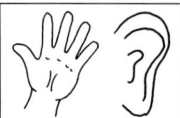
  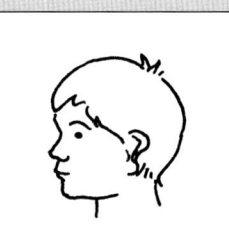

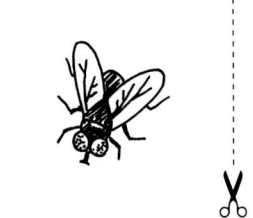   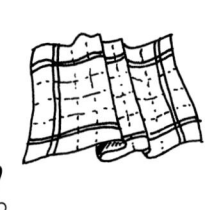

Wall/Wenderoth: Deutsch an Stationen 1
© Auer Verlag GmbH, Donauwörth

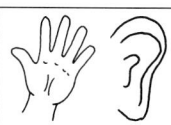

1. In unserem Haus

   lebt eine kleine _____ .

2. Ich male mit meinem Pinsel

   ins Meer eine schöne _____ .

3. Husten hat der graue Wal

   und trägt deswegen einen _____ .

4. Fridolin, mein kleiner Hase,

   frisst gern die Blumen aus Mamas _____ .

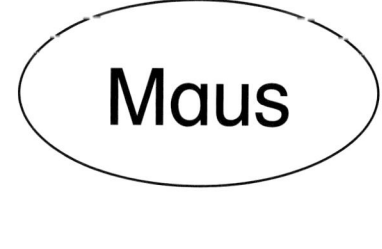

Vase

Schal

Maus

Insel

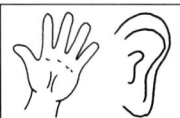

1. Wanne –

2. Riese –

3. Tuch –

4. Vase –

5. Schnee –

6. Tier –

7. Schmerz –

8. Hund –

9. Bauer –

10. Tonne –

Wall/Wenderoth: Deutsch an Stationen 1
© Auer Verlag GmbH, Donauwörth

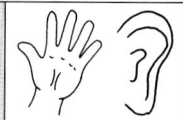

1. Auf dem Tisch liegt ein

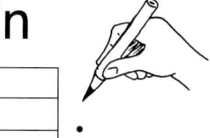

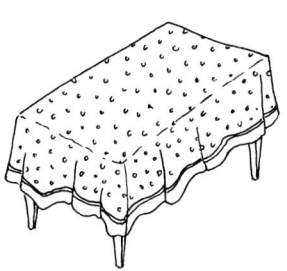

2. In der Tasche steckt eine

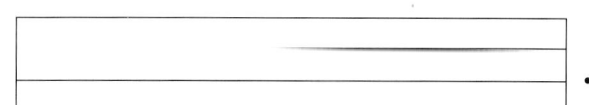

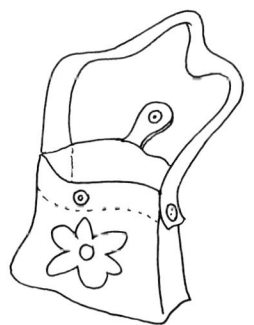

3. Es läuft ein Riese über die bunte

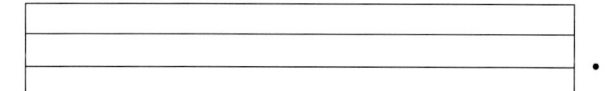

 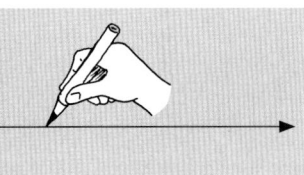

Teller

Eis

Fisch

Salat

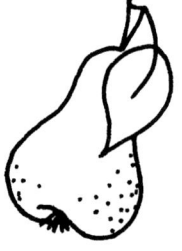

Tee

Torte

Birne

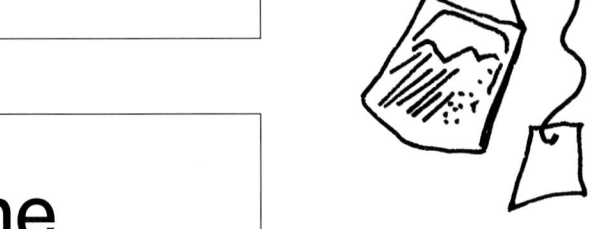

Wall/Wenderoth: Deutsch an Stationen 1
© Auer Verlag GmbH, Donauwörth

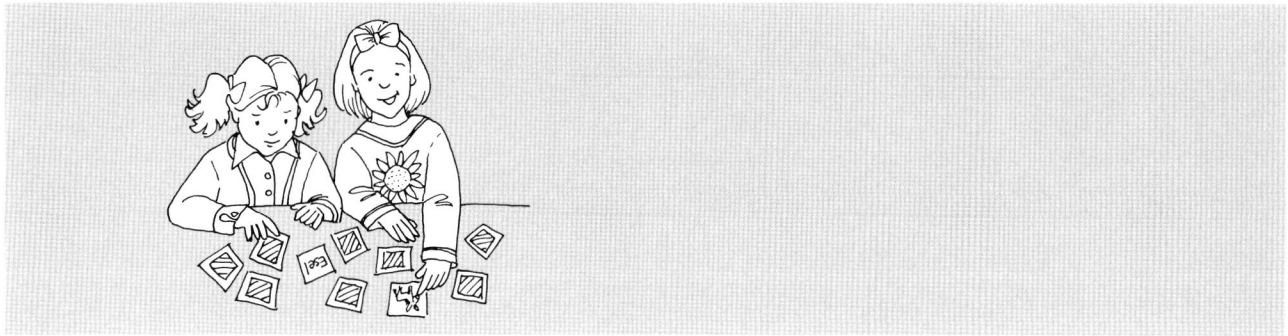

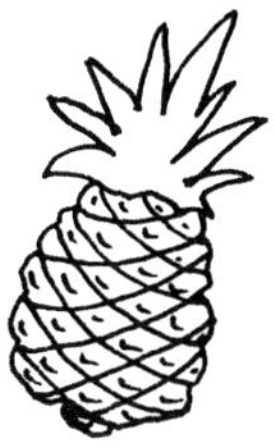

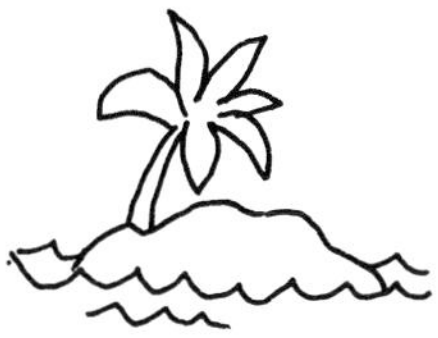

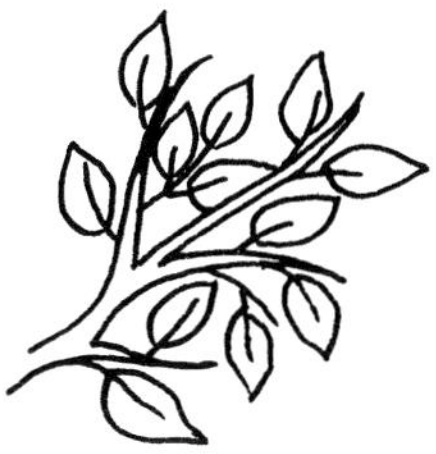

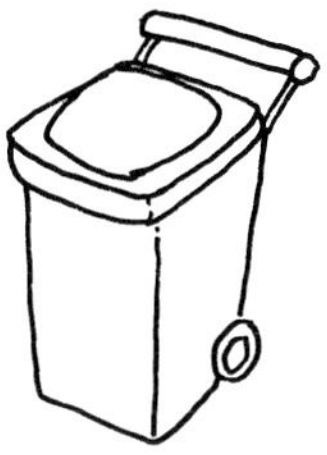

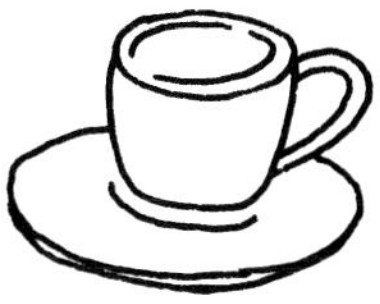

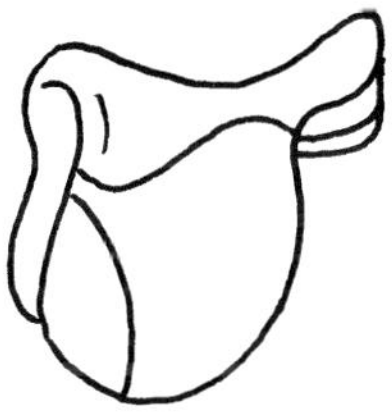

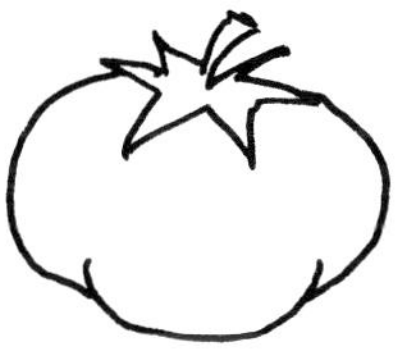

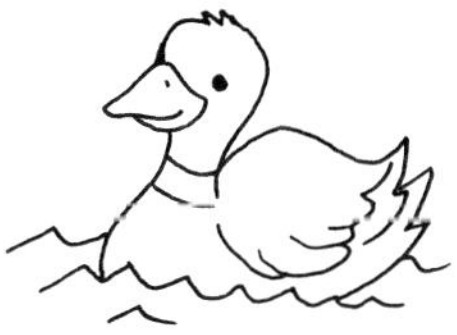

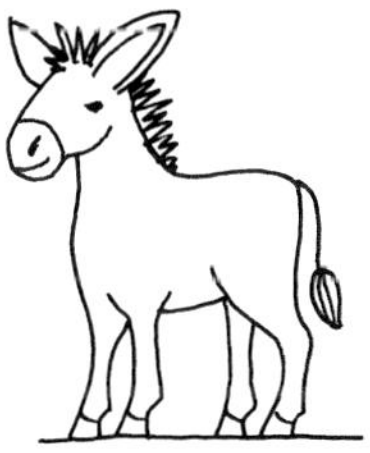

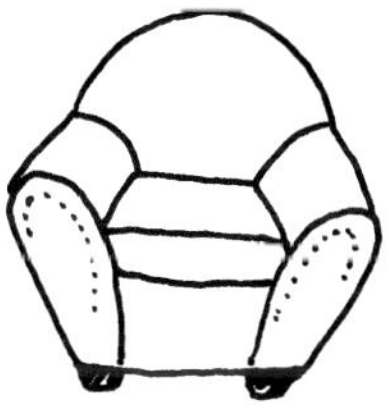

Sattel	Tomate	Ente	Esel	Sessel
Ananas	Insel	Ast	Tonne	Tasse

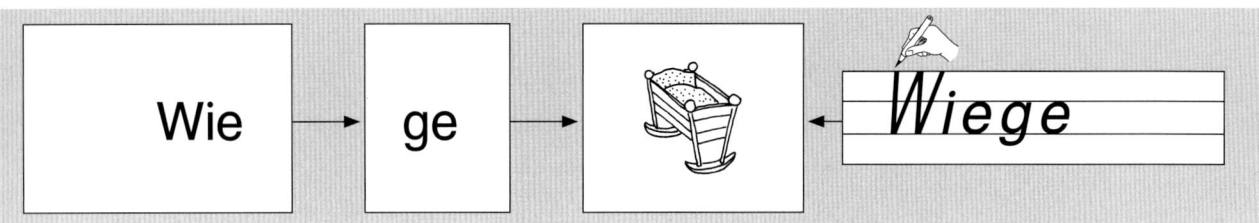

| Wie | → | ge | → |  | ← | *Wiege* |

| Mur | ge |  | |

| Ro | mel |  | |

| Bana | gel |  | |

| Bon | ne |  | |

| Na | se |  | |

| Wie | bon |  | |

Wall/Wenderoth: Deutsch an Stationen 1
© Auer Verlag GmbH, Donauwörth

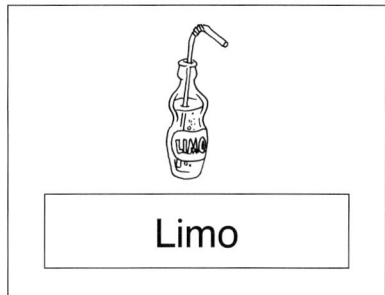

Limo

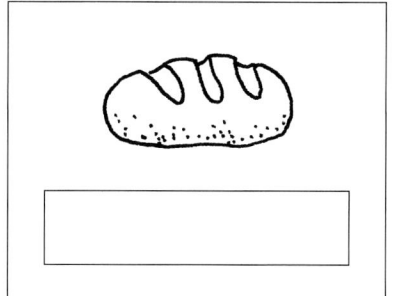

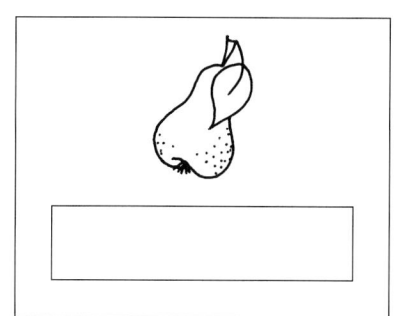

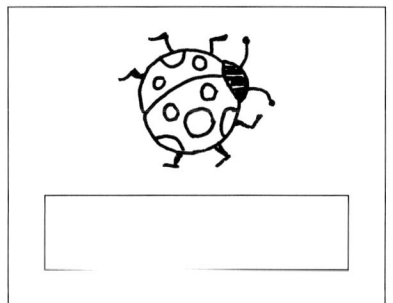

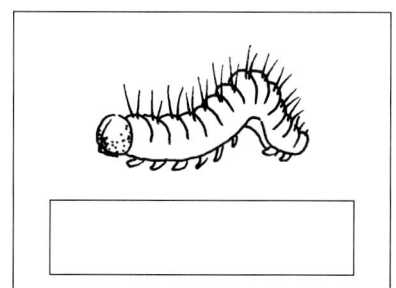

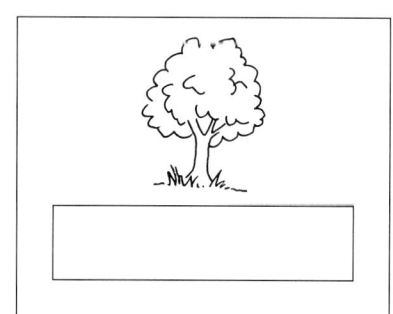

Limo

Raupe	Fisch	Kirsche	Brot
Birne	Baum	Auto	Käfer

Sätze legen

Mama	Oma	Papa	Opa
Lisa	Garten	Haus	Meer
im	am	ist	mag
Salami	Bett	Zaun	Bonbons
Saft	Lollis	Eis	Bus

Wall/Wenderoth: Deutsch an Stationen 1
© Auer Verlag GmbH, Donauwörth

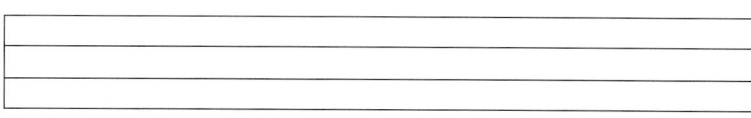

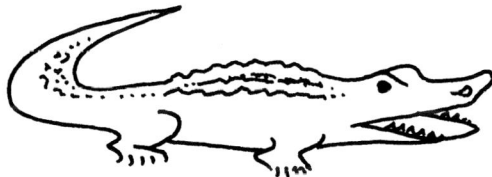

Male die Krone.   Male drei Enten.

Male die Räder.   Male die Feder in das Haar.

1. Male das Kopfkissen rot an.

2. Male die Bettdecke blau aus.

3. Male Wasser und zwei Fische in das Aquarium.

4. Male vier Bücher in das Bücherregal.

5. Male den Teddy im Bild braun an.

6. Male den Ball gelb aus.

7. Das Licht in der Stehlampe leuchtet.

Wall/Wenderoth: Deutsch an Stationen 1
© Auer Verlag GmbH, Donauwörth

Aufgabe:

Kreuze den richtigen Satz an.

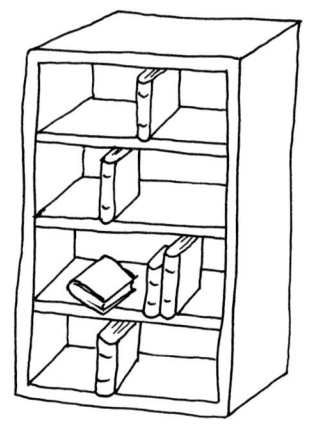

☐ Im Bücherregal sind vier Bücher.

☐ Im Bücherregal sind sechs Bücher.

☐ Im Bücherregal sind sieben Bücher.

☐ Auf der Wiese sind fünf Kühe.

☐ Auf der Wiese sind acht Kühe.

☐ Auf der Wiese sind vier Kühe.

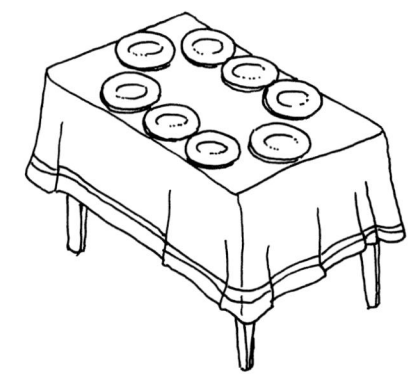

☐ Auf dem Tisch sind acht Teller.

☐ Auf dem Tisch sind sieben Teller.

☐ Auf dem Tisch sind zwei Teller.

☐ Hier sind zehn Bäume.

☐ Hier sind fünf Bäume.

☐ Hier sind drei Bäume.

Zu jedem Rätsel gibt es das passende Bild.
Schreibe die Zahl vor dem Satz in das richtige Bild.

① Hunde fressen es.

② Es hilft bei Regen.

③ Es schmeckt den Kindern gut.

④ Sie geben Milch.

⑤ Er lebt im Zoo.

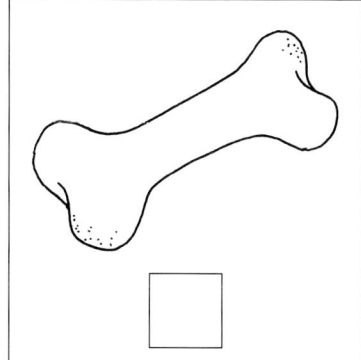

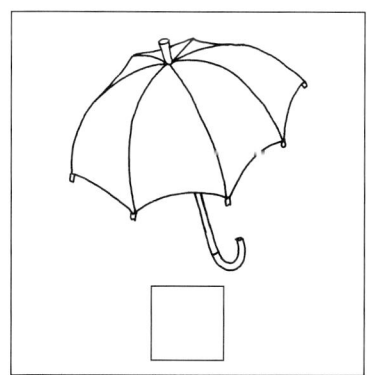

Aufgabe:

Welche Sätze sind richtig? Kreuze an.

Was tun Vögel?

☐ Vögel bauen Nester.

☐ Vögel fliegen.

☐ Vögel geben Milch.

☐ Vögel fressen Würmer.

Was tun Hunde?

☐ Hunde fressen Knochen.

☐ Hunde gackern.

☐ Hunde wedeln mit dem Schwanz.

☐ Hunde bellen.

Was tun Kühe?

☐ Kühe geben Milch.

☐ Kühe sind lila.

☐ Kühe fressen Gras.

☐ Kühe grunzen.

Was tun Katzen?

☐ Katzen lesen Zeitung.

☐ Katzen schnurren.

☐ Katzen spielen mit Wolle.

☐ Katzen jagen Mäuse.

Wall/Wenderoth: Deutsch an Stationen 1
© Auer Verlag GmbH, Donauwörth

Sätze gedanklich umsetzen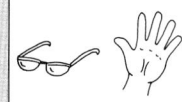

Aufgabe:

Lies die Sätze und male das Bild.

Am Himmel sind zwei Wolken.

Die Sonne scheint.

Zwei Kinder spielen Ball auf einer grünen Wiese.

Ein Mann lässt einen Drachen steigen.

Laufzettel

für _____

PFLICHTSTATIONEN

Stationsnummer	Erledigt am	Kontrolliert am
Nummer _____		
Nummer _____		
Nummer _____		
Nummer _____		
Nummer _____		
Nummer _____		

WAHLSTATIONEN

Stationsnummer	Erledigt am	Kontrolliert am
Nummer _____		
Nummer _____		
Nummer _____		
Nummer _____		

Lösungen

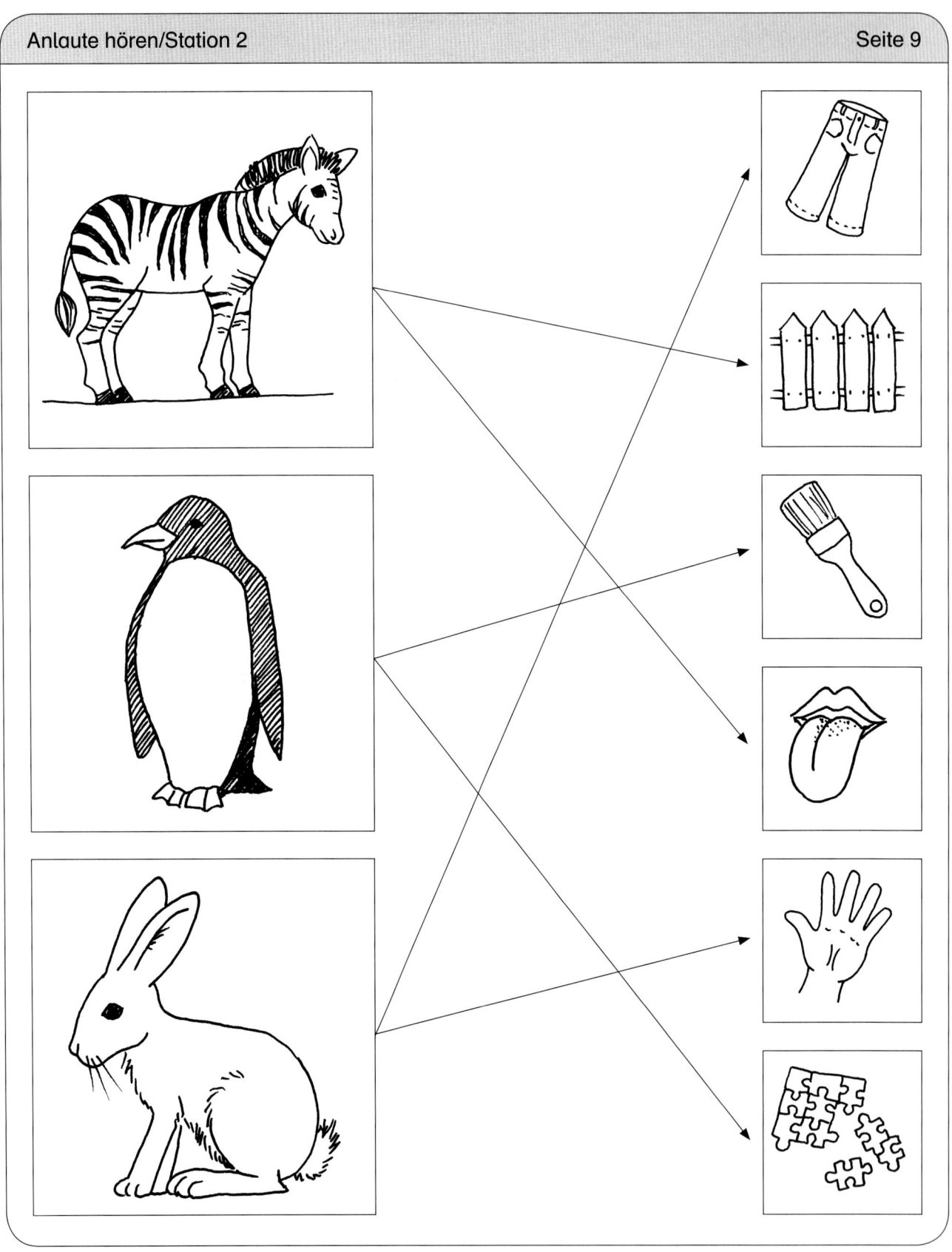

 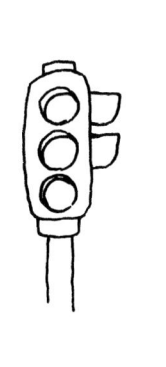  

 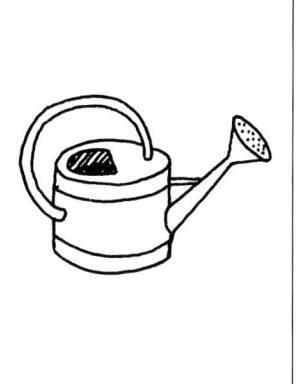  

   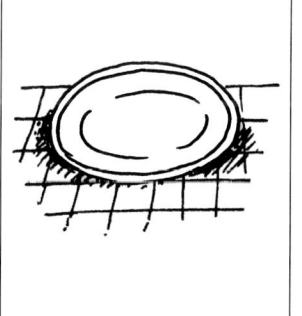

   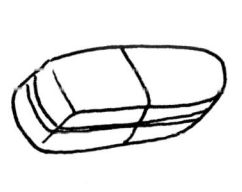

Anlaute hören/Station 4 — Seite 11

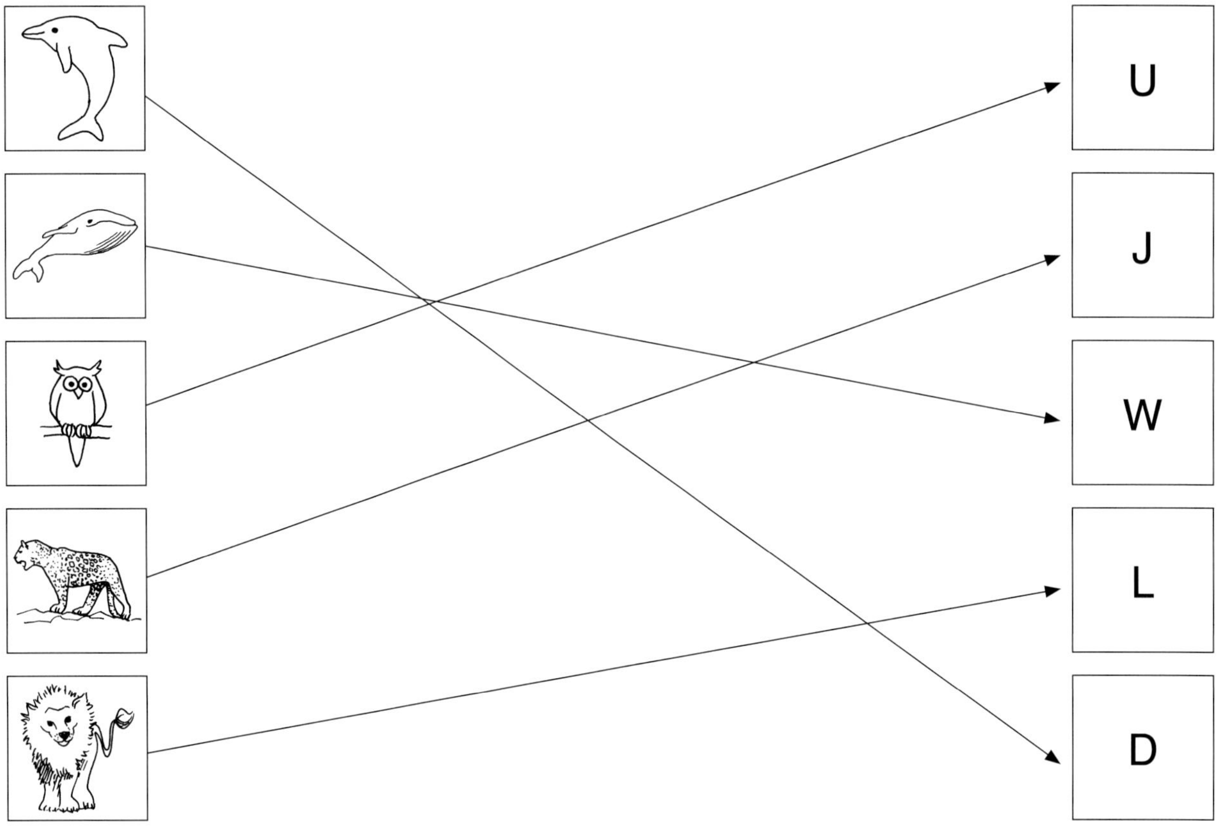

Anlaute hören/Station 5 — Seite 12

P	A	L	M	E

O	F	E	N

F	E	D	E	R

Ananas

Nase

Rose

Rakete

Lupe

Palme

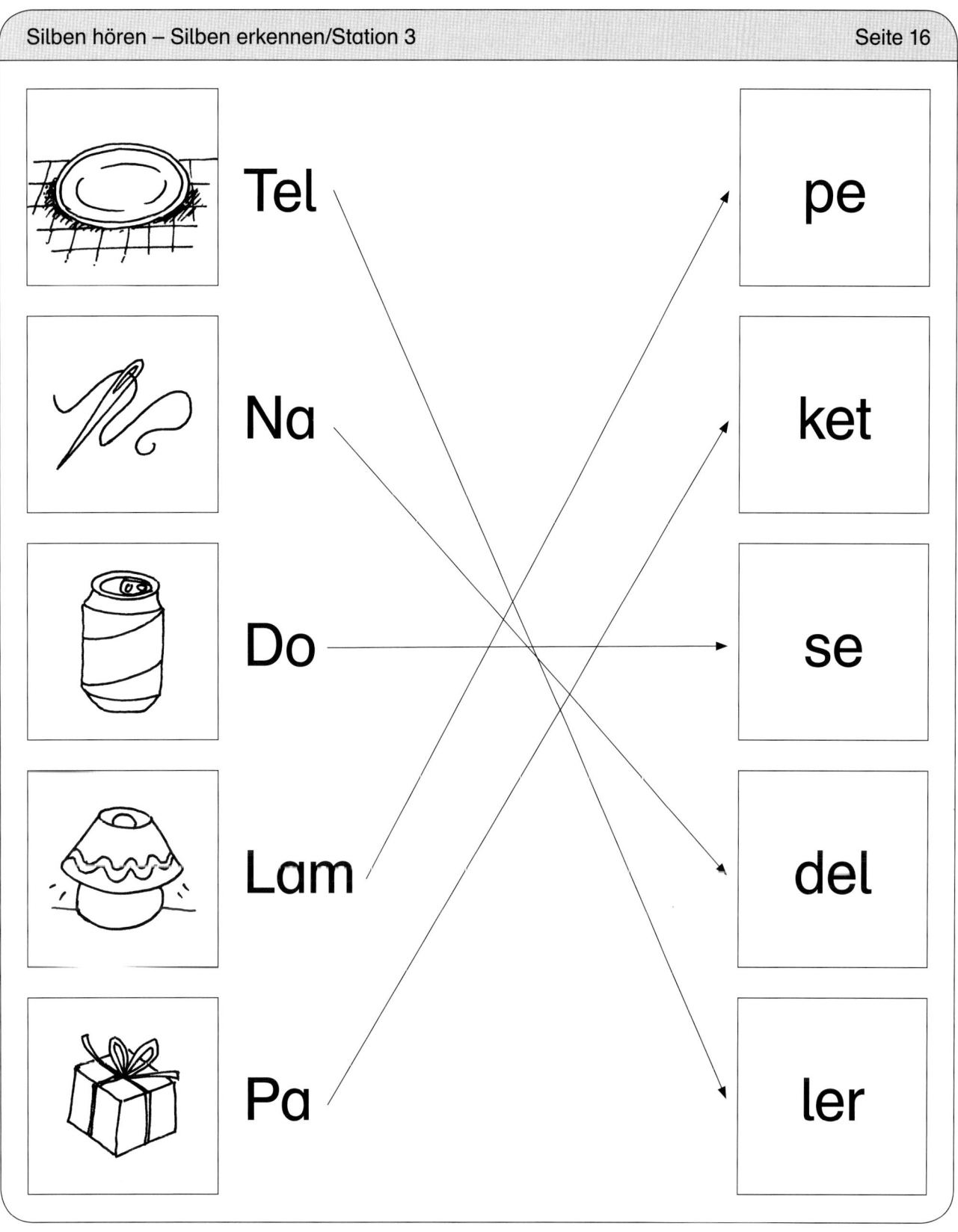

Silben hören – Silben erkennen/Station 5

Seite 18

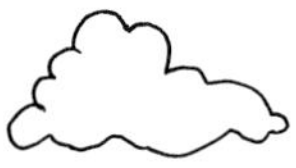

Wol	ke

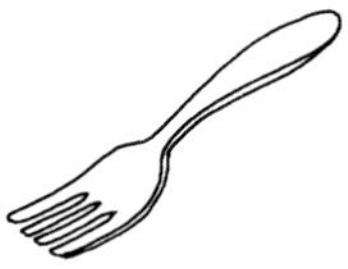

Ga	bel

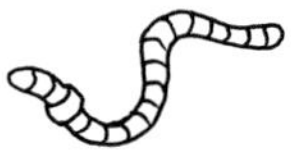

Re	gen	wurm

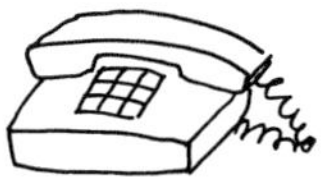

Te	le	fon

Silben hören – Silben erkennen/Station 6

Seite 19

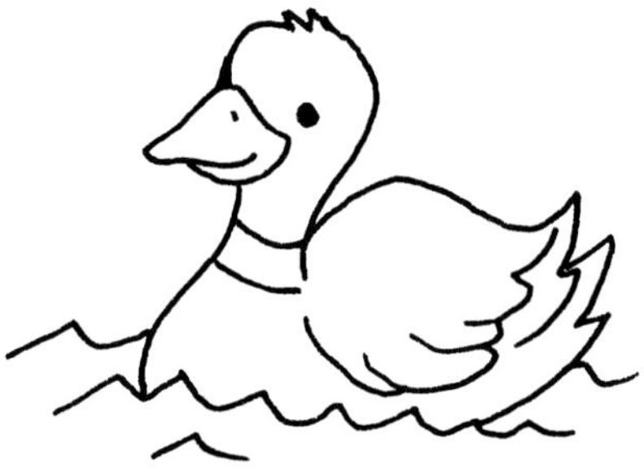

Ente

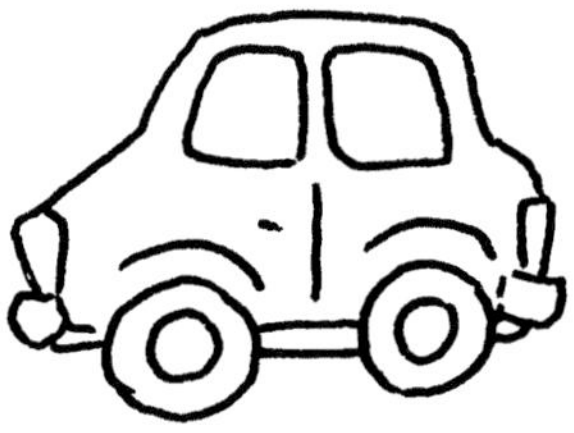

Auto

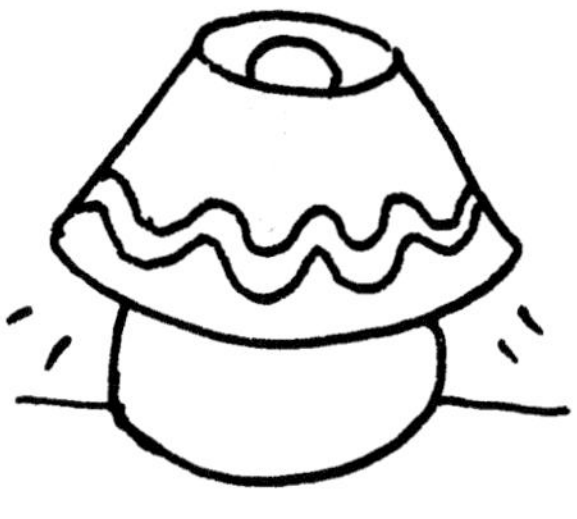

Lampe

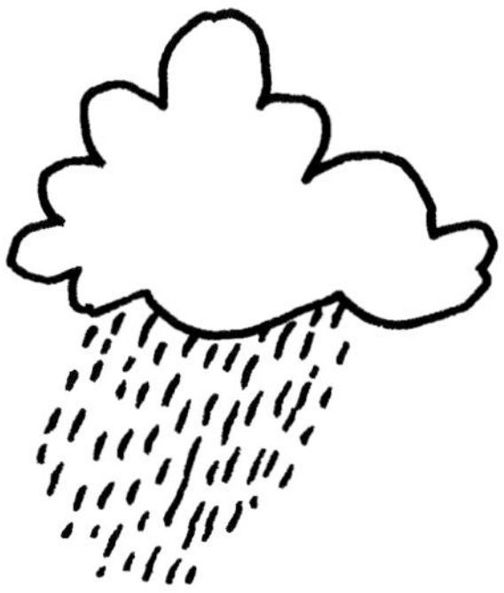

Regen

Laute hören/Station 1 — Seite 20

Laute hören/Station 2 — Seite 21

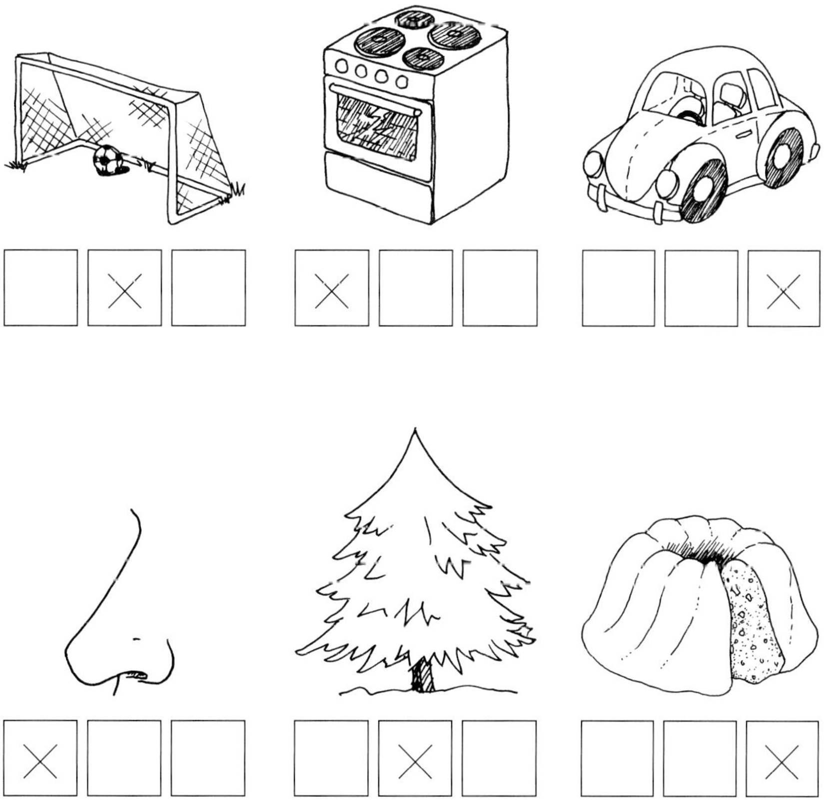

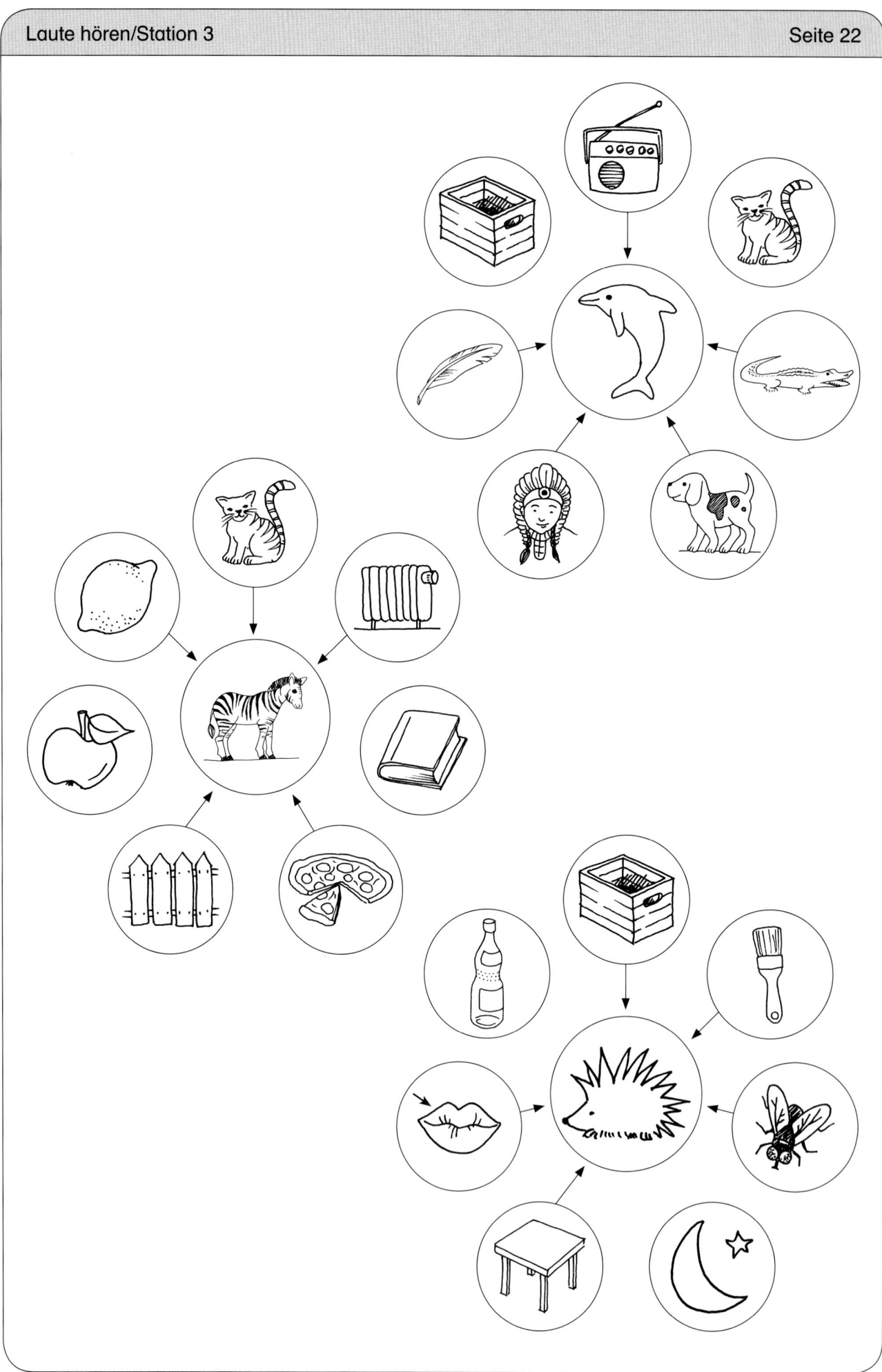

Laute hören/Station 4

Seite 23

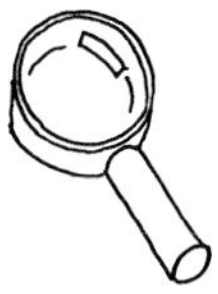

L u *p* e

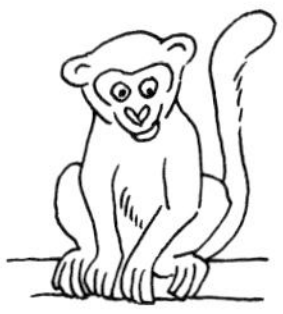

A f f e

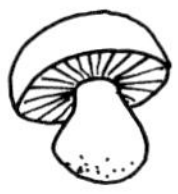

P *i* l z

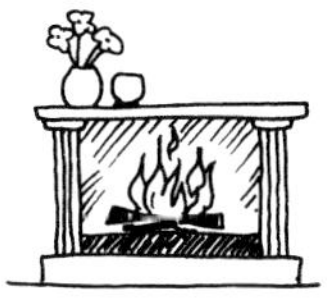

K a m i *n*

Reimwörter finden/Station 2

Seite 25

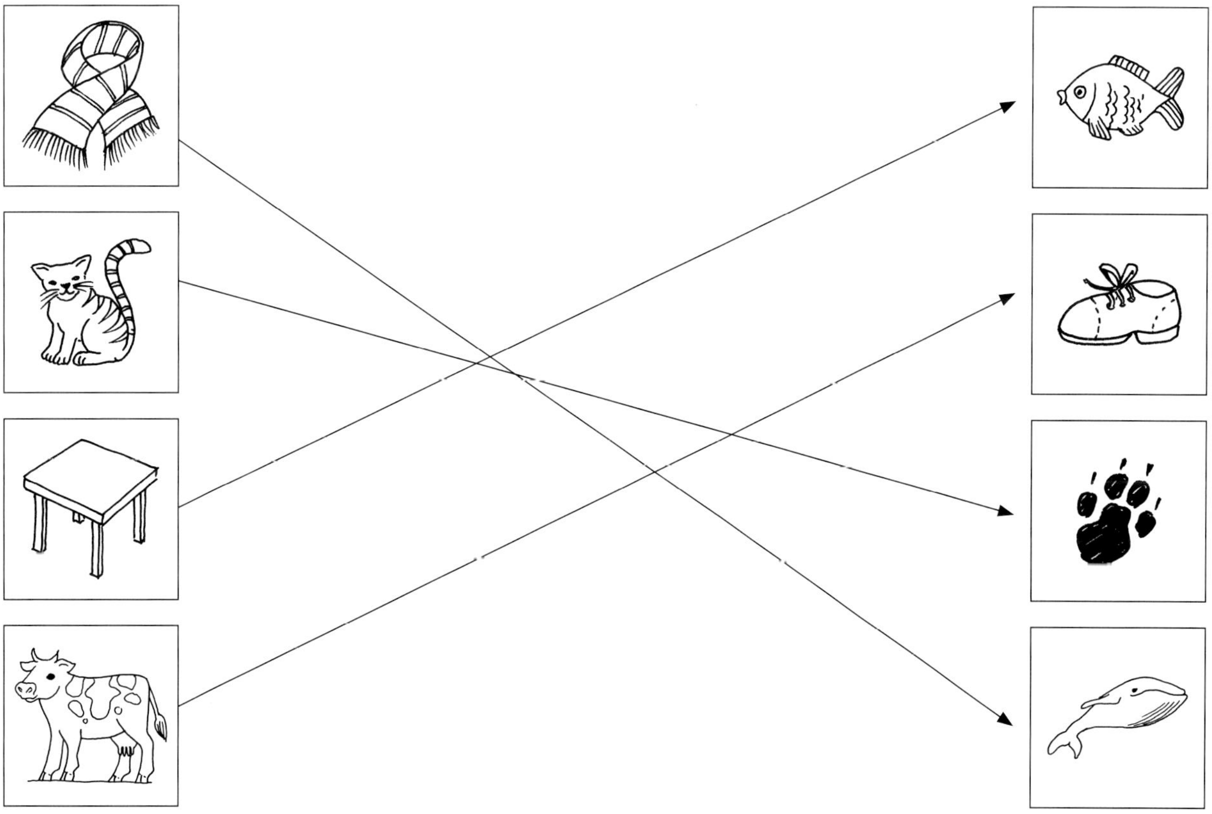

 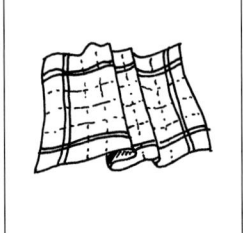  

1. In unserem Haus

   lebt eine kleine **Maus**.

2. Ich male mit meinem Pinsel

   ins Meer eine schöne **Insel**.

3. Husten hat der graue Wal

   und trägt deswegen einen **Schal**.

4. Fridolin, mein kleiner Hase,

   frisst gern die Blumen aus Mamas **Vase**.

1. Wanne – **Tanne**
2. Riese – **Wiese**
3. Tuch – **Buch**
4. Vase – **Hase**
5. Schnee – **See**
6. Tier – **vier**
7. Schmerz – **Herz**
8. Hund – **Mund**
9. Bauer – **Mauer**
10. Tonne – **Sonne**

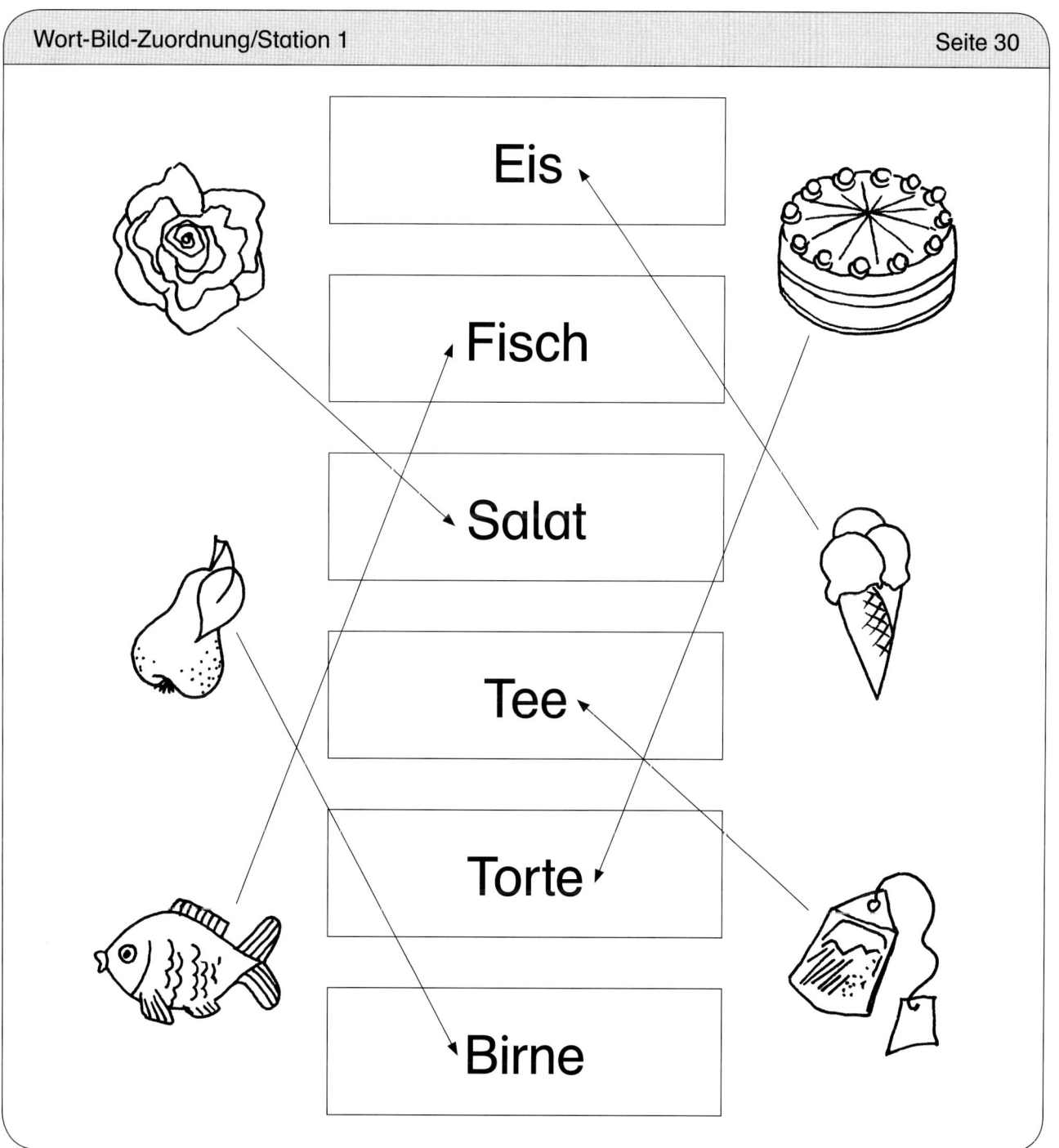

Eis

Fisch

Salat

Tee

Torte

Birne

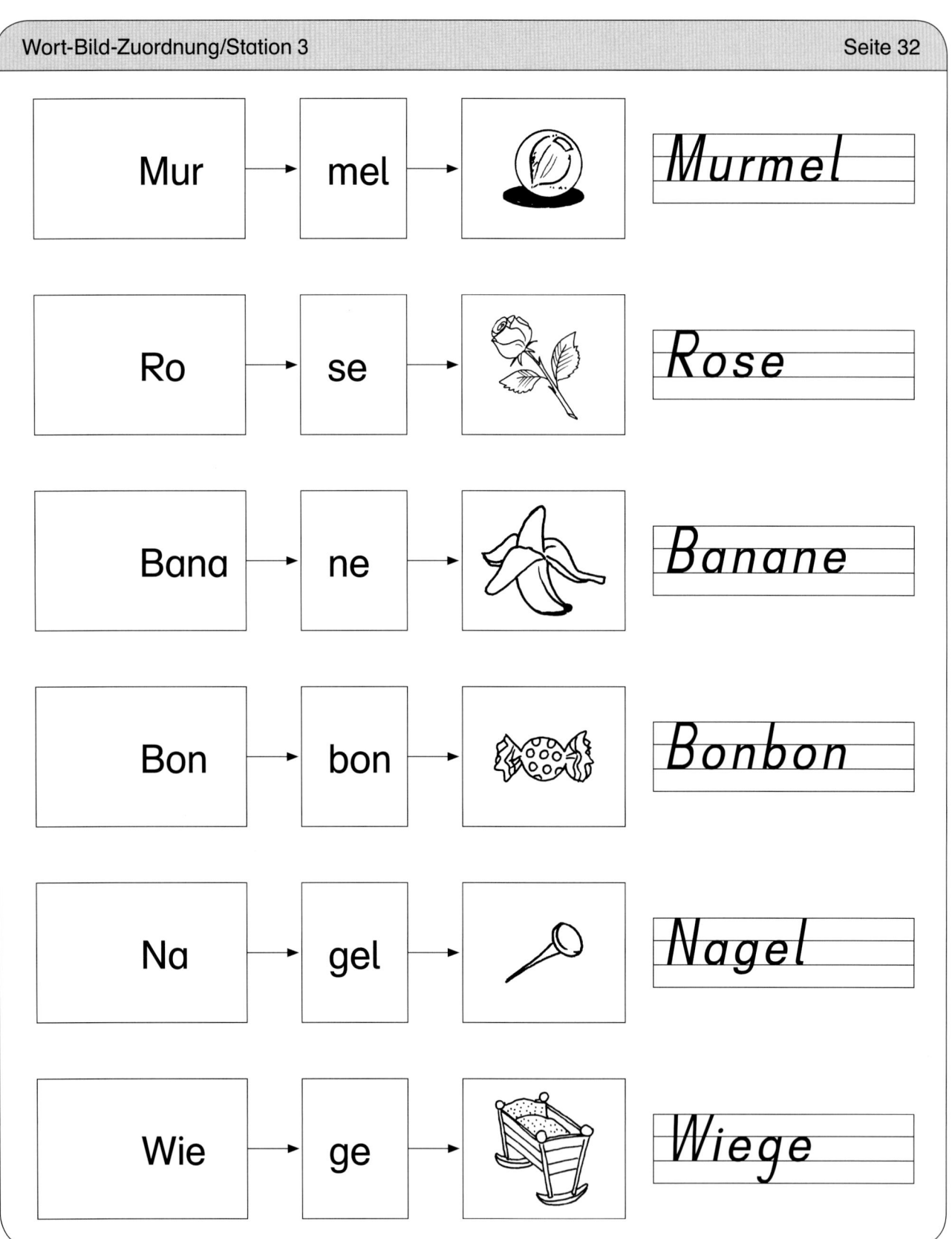

Mur	→	mel	→		*Murmel*
Ro	→	se	→		*Rose*
Bana	→	ne	→		*Banane*
Bon	→	bon	→		*Bonbon*
Na	→	gel	→		*Nagel*
Wie	→	ge	→		*Wiege*

Wort-Bild-Zuordnung/Station 4 — Seite 33

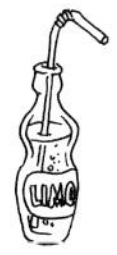

Limo

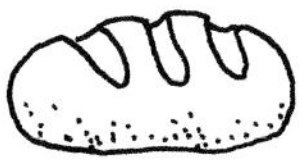

Brot

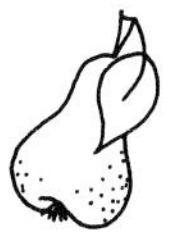

Birne

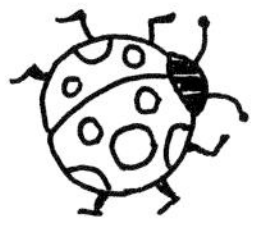

Käfer

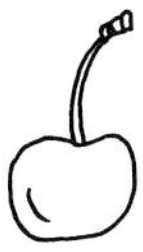

Kirsche

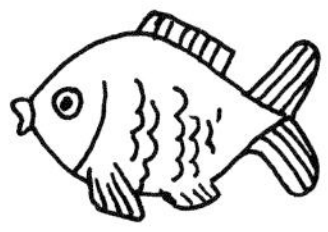

Fisch

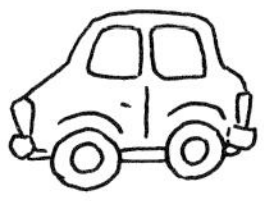

Auto

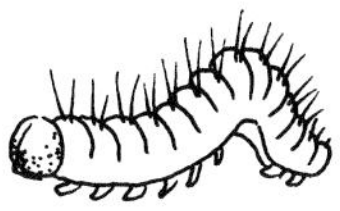

Raupe

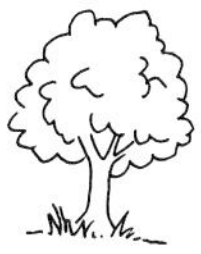

Baum

Wort-Bild-Zuordnung/Station 6 — Seite 35

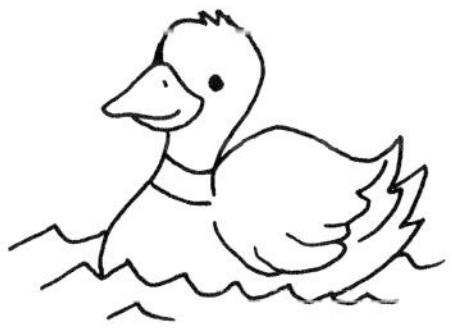

Ente

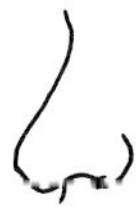

Nase

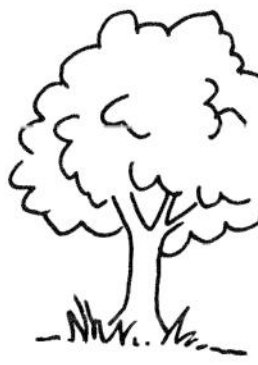

Baum

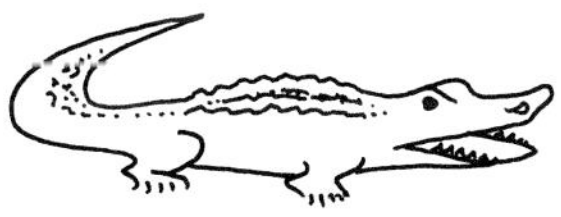

Krokodil

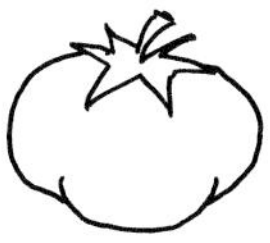

Tomate

□ Im Bücherregal sind vier Bücher.
☒ Im Bücherregal sind sechs Bücher.
□ Im Bücherregal sind sieben Bücher.

□ Auf der Wiese sind fünf Kühe.
□ Auf der Wiese sind acht Kühe.
☒ Auf der Wiese sind vier Kühe.

☒ Auf dem Tisch sind acht Teller.
□ Auf dem Tisch sind sieben Teller.
□ Auf dem Tisch sind zwei Teller.

□ Hier sind zehn Bäume.
☒ Hier sind fünf Bäume.
□ Hier sind drei Bäume.

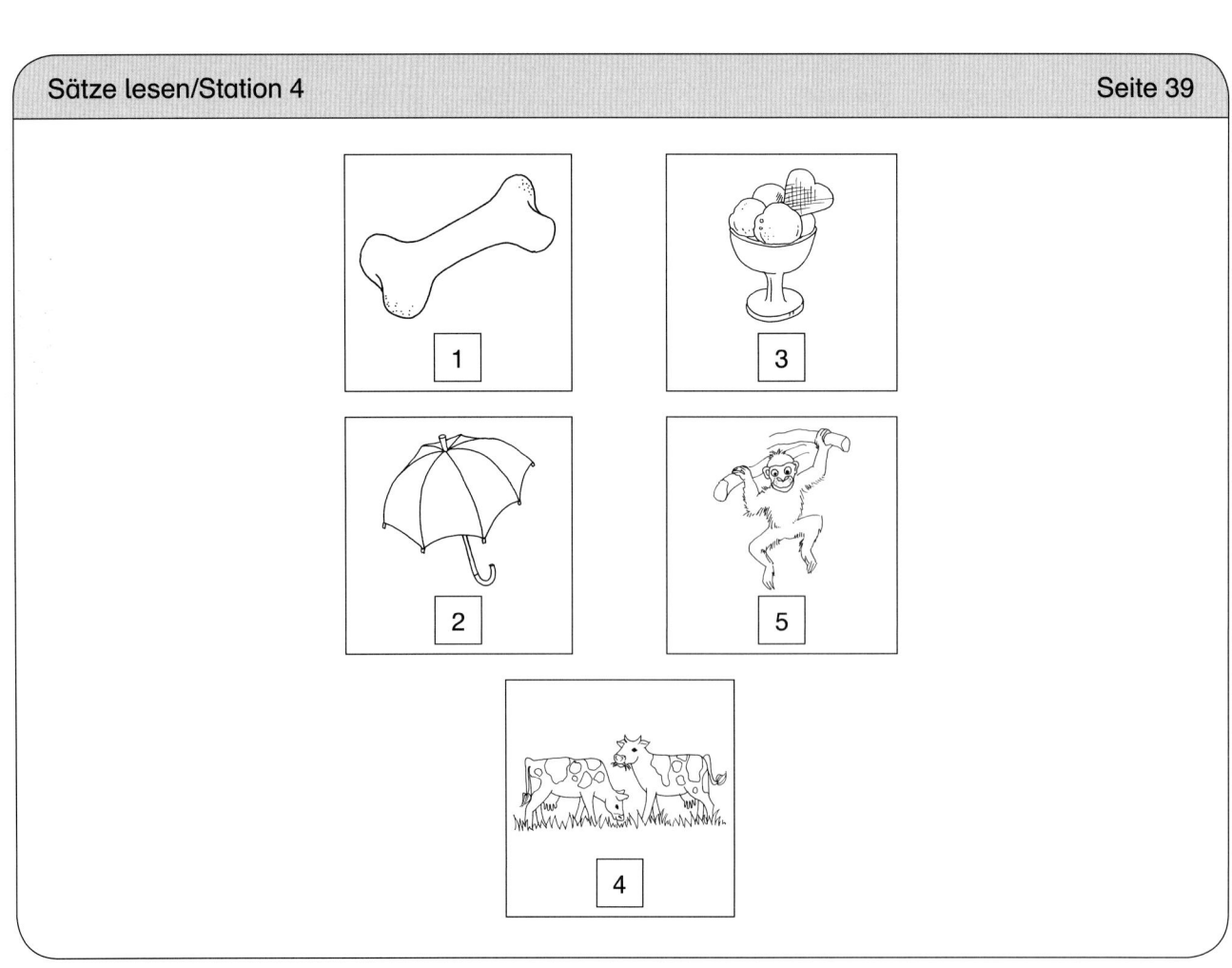

Was tun Vögel?

☒ Vögel bauen Nester.

☒ Vögel fliegen.

☐ Vögel geben Milch.

☒ Vögel fressen Würmer.

Was tun Hunde?

☒ Hunde fressen Knochen.

☐ Hunde gackern.

☒ Hunde wedeln mit dem Schwanz.

☒ Hunde bellen.

Was tun Kühe?

☒ Kühe geben Milch.

☐ Kühe sind lila.

☒ Kühe fressen Gras.

☐ Kühe grunzen.

Was tun Katzen?

☐ Katzen lesen Zeitung.

☒ Katzen schnurren.

☒ Katzen spielen mit Wolle.

☒ Katzen jagen Mäuse.

Auer empfiehlt

Die optimale Ergänzung zu diesem Buch:

72 S., DIN A4

▸ Best-Nr. **07078**

Ines Bischoff

Deutsch an Stationen SPEZIAL Texte schreiben 1/2

Handlungsorientierte Materialien für die Klassen 1 und 2

▸ Auch ideal einsetzbar zur Differenzierung und Freiarbeit!

Mit diesem Band vermitteln Sie wichtige Inhalte und leiten zugleich Ihre Schüler zu selbstständigem Arbeiten trotz unterschiedlicher Lernvoraussetzungen an. Beim Basteln, Malen, Spielen und bei Rätseln nutzen die Kinder unterschiedliche Lernkanäle und verankern Wissen sicher und nachhaltig - und das alles ohne großen Aufwand für Sie! Die Arbeitsblätter sind auch ideal für die Freiarbeit geeignet.

Die Themen:

▸ Erstes Erzählen und Schreiben | Vorübungen zum Schreiben | Wortsammlungen und erste Textformen | verschiedene Schreibanlässe zu einem Thema: der Hund | Schreiben zu Bildern

Dieser Band enthält:

▸ 7-9 Stationen pro Themenbereich | über 60 Arbeitsblätter als Kopiervorlagen

WWW.AUER-VERLAG.
WEBSERVIC
www.auer-verlag.de/go/

07078 ◀

Blättern im Buch

Download

Leseprobe

Weitere Titel zum Thema:

Martina Knipp
Deutsch an Stationen 2
Handlungsorientierte Materialien zu den Kernthemen der Klasse 2!
76 S., DIN A4
▸ Best-Nr. **06422**

Jasmin Boller, Heike Jauernig
Auer Lernkontrollen Deutsch, Klasse 1/2
Direkt einsetzbare Lernkontrollen!
80 S., DIN A4
▸ Best-Nr. **06356**

Gertraud Heisler, Denise Müller
Die vier Fälle
Mit dem Detektivheft handlungsorientiert unterrichten!
88 S., DIN A4
▸ Best-Nr. **06579**

Bestellschein (bitte kopieren und faxen/senden)

Ja, bitte senden Sie mir gegen Rechnung:

Anzahl	Best.-Nr.	Kurztitel
	07078	Deutsch an Stationen SPEZIAL Texte schreiben 1/2
	06422	Deutsch an Stationen 2
	06356	Auer Lernkontrollen Deutsch, Klasse 1/2
	06579	Die vier Fälle

☐ Ja, ich möchte per E-Mail über Neuerscheinungen und wichtige Termine informiert werden.

_____
E-Mail-Adresse

Auer Verlag
Postfach 1152
86601 Donauwörth

Fax: 09 06 / 73-178

oder einfach anrufen:
Tel.: 09 06 / 73-240
(Mo-Do 8:00-16:00 & Fr 8:00-13:00)

E-Mail: info@auer-verlag.de

Aktionsnummer: 9066

Absender:

_____
Vorname, Nachname

_____
Straße, Hausnummer

_____
PLZ, Ort

_____
Datum, Unterschrift